कुछ शब्द और....

(क्यूंकि काफी कुछ कहना है)

BY

दिव्य मित्तल

pencil

ISBN 978-93-5438-606-0

Published in India 2020 by Pencil

A brand of
One Point Six Technologies Pvt. Ltd.
123, Building J2, Shram Seva Premises,
Wadala Truck Terminal, Wadala (E)
Mumbai 400037, Maharashtra, INDIA
E connect@thepencilapp.com
W www.thepencilapp.com

Author biography

दिव्य मित्तल, उत्तर प्रदेश के जिला बिजनौर से संबंध रखते हैं। इन्होंने हाल ही में लेखकों और कवियों की दुनिया में कदम रखा है। इनकी कविताओं में अक्सर प्रेम और समाज में होने वाली घंटनाओ के बारे में जिक्र होता है। प्रकृति प्रेमी होने के कारण इनकी कविताओं में पेड़, नदी, पहाड़ व अन्य चीजों को झलक भी देखी जा सकती है।

कविताओं के साथ साथ कलाकारी भी जानते हैं तथा पूरी दुनिया में अपना नाम करने कि इच्छा रखने वाले दिव्य, धरती से जुड़े हुए और सदा मुस्कुराने वाले व्यक्ति है। हालांकि दिव्य विज्ञान के विद्यार्थी हैं पर उनकी रुचि लेखन व साहित्य में काफी समय से थी। जब लोगों से अपने मन की बातें साझा हुई तो उनको प्रोत्साहन मिला और कविताएं लिखना शुरू करा। सन् 2019 से अब तक काफी लोग इनसे जुड़ चुके हैं और ये संख्या बढ़ने परहै।

ये किताब इनकी संरचनाओं का एक संकलन है।

Contents

Epigraph

कविताएं किसे पढ़ना पसंद नहीं है? जिस दौर में हम जी रहे हैं उस हिसाब से कहानी, कविताएं और किस्से, आकर्षण का केंद्र बन चुके हैं। लोग खुद से जोड़ने की कोशिश करते हैं तथा समझते भी है कि आखिर लेखक ने क्या कहने का प्रयास करा है।

इस किताब में आप विभिन्न शीर्षकों पर कविताएं पढ़ेंगे जो कि बेहद आम चीजों पर लिखी गई हैं। कोई प्रेम में है तो कोई प्रकृति से खुद को जुड़ा हुआ मानता है। कोई समाजवादी मानता है खुद को तो कोई अकेला रहना पसंद करता है।

हर एक कविता एक दूसरे से अलग माहौल में लिखी गई है।

खुद को कुछ फुर्सत के पल दीजिए और कविताएं पढ़िए।

Acknowledgements

ये किताब मेरे द्वारा लिखी गई सबसे पहली किताब है। इस किताब को लिखने के दौरान मुझे काफी कुछ सीखने को मिला!

मै अपने माता पिता को हार्दिक धन्यवाद कहना चाहूंगा कि उन्होंने मुझे ऊंचाइयां छूने के लिए उड़ान भरने दी। उनके मेरे प्रति अखंड विश्वास व निरंतर प्रयास के बिना ये संभव नहीं हो पाता।

मैं अपने बड़े भाई को भी अपना नमस्कार करना चाहूंगा की उन्होंने मुझे कदम कदम पर मेरे साथ होने का आभास कराया।

मैं अपने करीबी दोस्त व उन सब को भी धन्यवाद कहना चाहूंगा जिन्होंने मेरे इस सफर में मेरा साथ नही छोड़ा तथा मेरे विचारों को लिखने के लिए भी प्रोत्साहित करा।

Introduction

ये पुस्तक विभिन्न कविताओं का मेल है। कवि के द्वारा लिखी हुई सभी रचनाओं को एक जगह मिलकर शर्बत की तरह परोसा गया है। इस पुस्तक में आप प्रेम, प्रकृति, परिवार, व समाज में होने वाली घटनाओं को एक कविता के रूप में पढ़ सकेंगे। आप पाएंगे की हर एक कविता का अर्थ व मायने अलग हैं तथा आप खुद को उन कविताओं से जोड़ पाएंगे।

आज से बीस साल बाद

आज से बीस साल बाद....

जब देखेंगे हम अपनी तस्वीरों को,
निहरेंगे एक दूसरे को,
याद करेंगे हमारी बातें,
हमारी वो मुलाकातें।

उमड़ जाएगा मन में असीम प्रेम,
और बेचैन हो उठेंगे,
फिर से एक मुलाक़ात के लिए!
बस एक आखिरी मुलाकात के लिए।

मैं तैयार होकर आऊंगा,
पहनूंगा तुम्हारी पसंदीदा काली शर्ट,
और हाथ में तुम्हारी दी हुई,
घड़ी बांधुगा मैं बड़े शौंक से।

तुम पहन कर आना वहीं लाल साड़ी,
जिसके साथ तुम सोने के झुमके पहनती हो,
और लगाना एक गुलाब बालों में,
जो तुम्हारी तरह महक रहा होगा!!

उसी जगह, उसी शाम, उसी दिन,
उसी एहसास को दिल में लिए
एक बार हम फिर मिलेंगे,
जैसे पहली मुलाक़ात में मिले थे।

आज से बीस साल बाद,
बदल जाएगा सब कुछ,
तुम तुम ना रहोगी
और मैं तो मैं रहा ही नहीं!

ये लड़का।

ये लड़का,

जो जिम्मेदारी कि टोकरी सिर पर उठाए हुए हैं,

नहीं जाने देगा इतनी आसानी से

अपनी मेहनत को पानी में।

सवाल करेगा, लड़ेगा, रोएगा,

और सीखेगा जीवन के नियमों को,

जीवन के रहस्यों को जानने के बाद।

सीख जाएगा तौर तरीके और साधन,

और संभालेगा परिवार को अपने।

पूछेगा आंसू अपनी मां की आंखों से,

और उठा लेगा बोझ बाप के सर से।.

देखना, ये लड़का कुछ कर गुजरेगा एक दिन।

धरती

पहली बारिश से भीग जाने वाली
वो धरती की महकती मिट्टी,
और फिर उस जगह अंकुरित होते
पेड़ से गिरे बीज, जो बनते हैं
गुलाब, गेंदे या चमेली के पौधे।

मैं अक्सर देखा करता हूं उन पौधों को
जो धरती और आसमान के मिलन
का एकमात्र गवाह हैं।

जो देखते हैं कि किस अदा से बारिश की बूंदे
स्पर्श करती हैं धरती को,
किस तरह से अपने प्रेम से
बंजर धरती को सरोबार करती हैं।

कोशिश रहती है मेरी की उनसे
एक कली तोड़ कर अपने पास रख लूं।
किताब में अपने कैद कर लूं।

पर मैंने चुना उस कली को जिंदा रखना।
क्यूंकि मैं प्रेम में हूं इसलिए विरह के विरोध हूं।

अगर ये आकर्षण होता
तो आज मेरी किताब के पन्नो में
दबा होता।

रक्तधारा

ये माहवारी नहीं, रक्तधारा है !

जी हां! ये धारा है उस रक्त की जो सींचती है
हमें, हमारे अंग को,
हमारे ह्रदय को,
हमारी आंखों को,
और पूरा करती है एक औरत को
प्रेम से, संयम से
हिम्मत से और ममता से।

जो बनती है एक नए जीवन का कारण,
जो लाती है समाज में उद्धार।

ये धारा तो वीरानियों की
निशानी है,
ये वो धारा है जो
हर औरत को बहानी है।

इतिहास देखो या वो देखो,
जो अब तक घटित नहीं हुआ है,
ये रक्तधारा तो जीवनी है,
इसके बिना कहां विकास हुआ है।

पेड़

सामान्य नहीं था
उस पेड़ का काटे जाना।
वहीं पेड़ जो शायद मेरे जन्मदिन पर लगाया था।

मैंने बिताया है अपना बचपन उसके नीचे।
हर सावन झूले भी झुलें है मैंने।
ना जाने कितनी बार चढ़ कर गिरा हूं मैं,
गिर कर फिर संभला भी हूं मैं।

गुलाब, गेंदा और चमेली के पौधे भी
उसके नीचे लगाए थे मैंने।

मेरे कमरे कि खिड़की से टकराती टहनियों
पर बैठी कोयलों की आवाज से ही
सुबह होती थी मेरी,
जिनके घोसलों को मैं अक्सर
अपना घर ही समझा करता था।

अब ना तो वह पेड़ है ना ही उस जैसी सुबह।

उस पेड़ का कट जाना मेरे जीवन में
आई एक आपदा के समान है।

आत्म प्रेम

जब देखूं मैं खुद को आईने में,
तो खुशी से सरोबार हो जाऊं।

मुस्कुराऊं मैं खुल कर कुछ ऐसे,
की रुक कर भी मैं रुक ना पाऊं।

बैठूं अकेले समंदर किनारे,
कश्ती से एक सैर लगाऊं,

खोल कर बाहें ठंडी हवा में,
एक पल को पंछी मैं बन जाऊं।

होकर बेचैन मैं ढूंढू प्यार को,
आवारा गलियों के चक्कर लगाऊं,

अंत में थक हारकर तन्हा सा मैं,
खुद के लिए रोशन हो जाऊं।

ना परवाह करूं जमाने की,
ना उड़ती फिरती अफवाहों की,

खुद से ही कर के जद्दोजहद थोड़ी,
खुद पर ही बेशुमार प्यार बरसाऊं।

रंग भरूं मैं अपने बनाए चित्रों में,
उगते सूरज में कलाकार बन जाऊं,

उठाऊं किताब और अपनी नीली कलम,
सांझ ढले कहानीकार बन जाऊं!

लोग पूछते हैं कि कैसे लिख लेते हो?
क्या सच में किसी को याद करते हो?

खुद को ही कितना चाहता हूं मैं,
अब बेपरवाह दुनिया को कैसे बताऊं?

धरोहर

कोइ पूछे मुझसे की मैं क्या दे सकता हूं उन्हें।
तो मेरा जवाब होगा प्रेम।
जो मुझे सबसे मिला,
बस उसी का धनी हूं।
प्रेम तो शर्बत है
सम्मान, समझ और सहयोग का।

मैं सरोबार हूं इससे।
चाहे कितना बांट लूं।
अंत में कुछ बच ही जाएगा।

बचेगा साथ में वो रिश्ता,
जो शायद मैंने अपने प्रेम से ही बनाया था।
अपनी धरोहर समझूं उसे या पुण्य का फल
जिसके भरोसे अब मैं
अपना
आने वाला जीवन व्यतीत करूंगा।

वादा है मेरा की अपने अंत तक
मैं वहीं करूंगा
जो करता आया हूं!
प्रेम दिया है सबको,
और प्रेम ही लेता आया हूं।

अनंत प्रेम

छू लूं मैं धरती, चूम लूं मैं आसमान,
भीग जाऊं नदियों में, घूम लूं मैं जहां!
आकर ठहर जाऊं फिर करीब में तुम्हारे,
जहां से दिखें तुम जैसे खूबसूरत नज़ारे!

अनंत प्रेम की परिभाषा बताऊं तुम्हे,
चांद जैसी तो सूरत ही है तुम्हारी,
पूर्णिमा की रात में,
टिमटिमाते सितारे गिनाऊं तुम्हे।

चूम कर माथा तुम्हारा, गले से लग जाऊं मैं,
हाथ में ले कर मैं मृदंग, प्रेम गीत गाऊं मैं।
ना दूं कोई उपहार तुम्हे, ना दूं कोई गुलाब मैं,
सारंग प्रेम पर लिखी कविताएं, सांझ ढले सुनाऊं मैं।

तोड़ दूं मैं मौन के द्वार, सच के महल बनाऊं मैं,
प्रेम तुम्ही से करता हूं, कैसे ये बताऊं मैं!
चाहे सुख हो या फिर दुख हो, तुमको ही बुलाऊं मैं,
मन में बसाकर तस्वीर तुम्हारी, मन ही मन मुस्कुराऊं मैं।

सवाल

मां! कुछ सवाल पूछने हैं तुमसे।
जवाब दोगी?

कब अपने जीवन के एक खुशनुमा पढ़ाव को
पीछे छोड़कर, एक
गुड़िया से एक बड़े घर की बहू बन कर आई?

क्या मेहसूस हुआ था तुम्हे,
तुम्हारे अस्तित्व में ये बदलाव?

क्या याद आई है तुम्हे कभी
नानी के घर की वो चौखट,
जिसे पार कर तुम चुपके से खेलने जाती थी?
क्या तुम्हे कभी अपनी सहेलियों की,
शहर की उन गलियों की याद नहीं आती?

कब छोड़ा तुमने सपने देखना?
कब हमारे सपनों को अपना सपना मान लिया तुमने?

क्या सच में तुम्हे भूख कम ही लगती है?

कैसे उठाती हो तुम गरम बर्तन को चूल्हे से
और जल जाए अगर तो उफ्फ भी नहीं करती हो?

क्या सच में तुम अब भी पुरानी तस्वीरों को
देखकर, थोड़ा भावुक नहीं हो जाती ?
और एक आखिरी सवाल...!!

ये सब कैसे कर लेती हो?

चुप चाप

चुप चाप सब हो जाताहै,
होकर के गुजर जाता है,
सूनी सड़को पर लूटी जाती है इज्जत,
छाया घोर अंधेरा और सन्नाटा है,

चुप चाप सब हो जाता है,
मन में डर समाता है,
एक बार फिर आंखों से आंसू,
लहू बनकर निकल जाता है।

कभी तेज़ाब तो कभी आग,
कभी खंजर भी चल जाता है,
इन्सान का किरदार अपनी,
दरिंदगी पार कर जाता है।

चुप चाप सब हो जाता है,
अखबारों में छप जाता है।

चौखट

जब बेटी चौखट पार करती है
तब संभालने निकलती है
अपना नया घर, नया परिवार।
जिम्मेदारियों को अपने
आंचल में बांधकर !

नए घर की चौखट का वो
संगमरमर का आंगन
रंग जाता है
लाल रंग के क़दमों से।

मंदिर में बैठी मूर्तियों
में भी प्राण आ जाते है।
कोयल, तोता और मैना,
श्रृंगार रस गाने लग जाते हैं।

रसोई का कोना कोना
भर जाता है खुशबू से,
जब बनाती है घर की बहू,
पकवान अपने हाथों से।

यही तो रौनक है,
यही तो शान है,
युगों युगों से स्त्री के,
गाए गए गुणगान हैं।

मैं चाहता हूं.....

मैं चाहता हूं एकांत।
उलझनों से घिरे इस जाल से बाहर निकल कर,
ठंडी हवा में बाहें फैलाना चाहता हूं।

मैं चाहता हूं रोशनी।
समस्याओं से भरे बंद कमरे से निकल कर,
आज़ादी की मशाल जलाना चाहता हूं।

मैं चाहता हूं एक खत,
प्रेम से लिखे हुए शब्दों को
हज़ार बार पढ़ना चाहता हूं।

मैं चाहता हूं सुकून,
किसी छोटे बच्चे को
मुस्कुराते हुए देखना चाहता हूं।

मैं चाहता हूं न्याय,
मेरे देश कि हर औरत को,
बेखौफ घूमते हुए देखना चाहता हूं।

मैं चाहता हूं संवाद,
जो कभी कुछ कह नहीं पाए,
उनकी पुकार सुनना चाहता हूं।

अंत में,

मैं चाहता हूं तुम्हे,
जो भी वही चाहती है,
जो मैं चाहता हूं।

पानी का मटका, रसोई की आग

मिट्टी का मटका तपता है आगमें
बिकने से पहले।
खूब सजाया जाता है और
मजबूत कर दिया जाता है
हर ठोकर से सामना करने के लिए।

फिर पहुंच जाता है
रसोई में,
एक कोने में रखा हुआ,जिसको
सिर्फ पानी से भरा जाता है।

रसोई में जलती आग को देख कर
भी खुद को वोह मटका
अन्दर ही अन्दर शीतल
बनाए रखने का प्रयास करता है।

ये सीख देता है कि
समाज कैसा भी हो,
लोगों का लहजा नरम हो
या गरम हो।

बस खुद को
हमेशा शीतल बनाए रखो।
खुद को काबिल बनाए रखो।

देवी

क्यूं जलाए जाते हैं मंदिर में दिए
उन प्रतिमाओं के सामने?

क्यूं चढ़ाई जाती है,
लाल चुनरी उस दरबार में?

क्या बोलती है वो मूर्तियां?
क्या मान्यता है उनकी?

अगर उनको पूजा जाता है,
तो समाज की औरतों को क्यूं नहीं?

क्यूं कमी रखी जाती है,
उनके सम्मान में?
क्यूं सिर्फ बेटियां ही दी जाती है,
विवाह में कन्या दान में?

एक जंग है यहां,
इस दोगले समाज में,
यहां बेच दिया जाता है बेटियों को,
अनाज के भाव में।

कहां से आता है इतना धैर्य?
कैसे सब सेहती है?
जैसा कहो उनसे, प्रेम की खातिर,
वैसे ही ढल जाती है!

एक औरत एक मां होती है,

और भी दर्जे से दिए जाते हैं उसे,

रह जाती है वो सिर्फ और सिर्फ,

"देवी" केहलाने से!

चाय

आप ऐसा कीजिए,
मेरे हाथ कि एक प्याली चाय पीजिए।

अदरक की महक और
चीनी की मिठास,
हम दोनों को थोड़ा और
ले आएगी पास।

दाल चीनी भी डाल दी है,
थोड़ी इलायची भी कूट दी है,
अब रह गया है तो सिर्फ
आग की तपन में चाय का पकना.......

कभी तेज तो कभी धीमी आंच कीजिए,
आज आप एक प्याली चाय पीजिए।

वो प्यार से भरा घूंट जो,
खुशनुमा कर देती है,
एक चाय ही हो है जो,
आपका नशा कर देती है......

इस नशे को बरकरार रहने दीजिए,
आज शाम आप मेरे हाथ की,
एक प्याली चाय पीजिए।

मैं हो जाना चाहता हूं वो छोटा बच्चा.....

मैं हो जाना चाहता हूं वहीं,
छोटा बच्चा, तेरा मां।
जिसे गोद में खिलाकर तू मना लिया करती थी
और गले लगकर सुलाया करती थी।

कभी खींचकर आंचल तेरा,
तुझको मै परेशान करूं,
और मुस्कुराऊं मैं ज़ोर से,
जब मां मैं तेरा नाम पुकारूं।

देखूं कभी इठला कर तुझे मैं,
कभी रो कर में अपनी बात मनाऊं,
कभी कहानी,कभी कोई किस्सा,
कभी मैं अपनी कविता सुनाऊं।

सोचा है आज बटोर लूं सारे
सुंदर शब्द स्वर्ण के जैसे।
तूने ही तो जन्म दिया है योद्धा वो,
अर्जुन और कर्ण के जैसे।

उपहार क्या दूं मैं आज तुझे मां,
मेरा तो तू खुद ही उपहार है,
तुझ पर ही तो अखंड विश्वास है,
तू ही तो सम्पूर्ण संसार है।

मैं हो जाना चाहता हूं वो छोटा बच्चा .....

अक्सर मेरी बातों में......

अक्सर मेरी बातों में जिक्र होताहै,
प्यार,इश्क़ और मोहब्बत का,

कभी कभी समाज में होनी वाली
घटनाओं पर भी व्यंग कर दिया करता हूं।
कभी किसी कि झूठी तारीफ तो,
कभी सच भी लिख दिया करता हूं।

क्यूंकि विश्वास है खुद पर की,
जो भी मेरे द्वारा लिखा जाएगा,
वोह पढ़ा भी जाएगा और
समझा भी जाएगा उसको लिखने का उद्देश्य।

समझी जाएगी मेरी बेबसी,
जो मेरे शब्दों द्वारा झलकती है,
देखी जाएगी वो सच्चाई भी,
जो अखबारों में नहीं छपती है।

किसी तरह भी समाज में,
अपनी बात पहुंचा देना चाहता हूं,
लेखन की दुनिया में
"दिव्य" प्रकाश फैलाना चाहता हूं।

स्त्री - एक प्रश्न

जन्म देकर तारनेवाली,
हर स्त्री को प्रणाम है,
पर आज भी उस पर अत्याचार,
क्यूं हो रहा सरेआम है?

द्रौपदी हुई तो चीर हरण,
सतयुग में सीता हरण,
क्यों युगों चली आई इस प्रथा पर
नहीं कोई रोकथाम है?

वो हर कण में बसी है,
वो समाज का अभिमान है,
पुरुष प्रधान समाज में
उसका हो रहा अपमान है।

कोई ज्ञान रखता है बातों का,
कोई इस बात से अनजान है,
कभी रूप कभी रंग, तो कभी,
प्रश्न एक परिधान है।

क्यूं, आखिर क्यूं आज भी
कुछ जगह पुराना संविधान है।
समझने की घड़ी है अब ये,
स्त्री का सर्वोत्तम स्थान है।

हर पीड़ा को जो हंस कर सेह ले,
हर उस स्त्री को प्रणाम है !

मैं सच लिखता हूं

मैं सच लिखता हूं!

रक्त से नहीं, प्रेम से भरे,
खत लिखता हूं।

पहली नजर में जो
पहली बार हो,
वो एहसास लिखता हूं।
मैं सच लिखता हूं।

आंसू जो वफादारी निभाई,
उन आंखों के मैं,
गम लिखता हूं।
मैं सच लिखता हूं।

जो पीड़ित है,
और मौन भी,
उसके मैं शब्द लिखता हूं।
मैं सच लिखता हूं।

जो चढ़कर कभी ना
रूह से उतरे,
वो रंग लिखता हूं।
मैं सच लिखता हूं।

जो मन में आकर भी,
पूछा नहीं जाए,
मैं वो सवाल लिखता हूं।
मैं सच लिखता हूं।

ना झूठी तारीफें,
ना कोई तसल्ली देता हूं,
बेखौफ होकर हमेशा,
मैं सच लिखता हूं!

कोई तो होगा...

कोई तो होगा ऐसा जो सिर्फ मेरे चेहरे को ही नहीं,
मेरी उदासियां भी समझेगा।
कोई तो शख्स होगा जो कहेगा मुझसे की
"तुम बहुत पसंद हो मुझे।"

समझेगा मेरी बातो के पीछे छिपी
उन गहराइयों को जो उस
समंदर से भी ज्यादा
रहस्य से भरी हुई हैं।

कोई तो होगा जो कहेगा की "तुम
मुस्कुराते अच्छा हो"!
फिर अचानक हाथ पकड़ कर
ले चलेगा साथ अपने मुझे कहीं।

मैं देखूंगा सिर्फ उसकी उंगलियों को,
जो मेरी उंगलियों से उलझ गई होंगी,
देखूंगा उसका लहराता दुपट्टा,
जो आसमान सा साफ और सुनहरा होगा।

कोई तो होगा जो अपनाएगा मुझे,
गलतियां मेरी बताएगा मुझे,
कोई तो होगा जो मेरी तरक्की पर
कस कर गले लगाएगा मुझे!

फैसला

रख दिया है संदूक में बस्ता,
और अपना नीला सूट,
दिल भर सा गया है
उस मासूम लड़की का।

जो चाहकर भी शायद अब
दोबारा नहीं देखेगी।

समझ गई है कि
भाई की शिक्षा की खातिर,
उस ये बलिदान देना होगा,
अपनी किताबों और विद्यालय से
उस अब मूंह मोड़ना ही होगा।

पिता की आय से अब,
रोज़ कुछ बचाना होगा,
घर घर जाकर शायद अब,
काम उसे करना होगा।

घर की हालत सुधारने के लिए,
मां बाप का हाथ बंटाना होगा,
ज़िन्दगी का ये फैसला उसे,
हर हाल में लेना ही होगा।

क्या कहेंगे हम उसे

क्या कहेंगे हमउसे?

उस लड़के को जो बंटाता है
घर के कामों में मां का हाथ,
पिताजी के काम काज भी
बड़ी समझदारी से संभालता है।

कर देता है कमी बेटी की पूरी,
जब अपनी मां की उलझे लटों को
संवार दिया करता है,
टांक देता पिताजी की कमीज़ में बटन और
मां के हाथ में मेहंदी भी रचा देता है।

मिटा देता है वो रेखा,
वो भेद - भाव बेटा और बेटी में।
बड़ी आसानी से परिवार के लिए एक बेटा,
बेटी की भी जिम्मेदारी उठा लेता है।

अकेली जाती लड़की को,
अपनी जिम्मेदारी समझता है,
जिन माओं की औलाद नहीं,
उनका भी बेटा बन जाता है।

अपने कर्मो से,
अपने विचारों से
अपने वंश का नाम
रोशन कर जाता है।

आईना

आज उसने आइना खरीदा है,
आज वो खुद को संवारेगी।

मीनाकारी से सजा वो आइना,
कुछ ज्यादा ही खूबसूरत है,
सदियों बाद देखा है उसने खुद को,
आज जी भर के वो खुद को निहारेगी।

सोने के झुमके और मोती का हार,
बांधनी दुपट्टा और सोलह श्रृंगार,
आइना भी खरा है और चेहरे पर भी चमक है,
ना जाने सजने में वो कितने जतन करेगी।

अपनी मुस्कान देख रही वो गौर से,
कुछ अलग सा अनुभव करा है आज,
सुबह से निहारते नूर को अपने,
ढलते ढलते ढल गई सांझ।

चांद

ये है चांद,
पूर्णिमा का चांद।

सारे अंधेरे को खुद में समेटे हुए,
बस चांदनी बिखेर रहा है,
और घिरा हुआ है लाखों सितारों से,
देखो तो सही....
कितना खूबसूरत नजर आ रहा है।

उफ्फ! लिखने के बहाने दे जाता है मुझे।

और मैं लिखता हूं अंबर तले
चांदनी रोशनी में जो
एकमात्र गवाह होती है,
मेरी लिखी प्रेम कविताओं की।

मेरी कलम भी चमकने लगती है,
जब एक कतरा रोशनी का पड़ता है।
कोरे पन्ने बोलने लगते हैं मेरे लिखे शब्दों को,
और मैं जी उठता हूं

मुझे पसंद है चांद,
पूर्णिमा का चांद।

मन की पुकार

कभी शांत तो कभी
वाचाल बन जाता हूं।
बैठे बैठे अक्सर मैं
खुद से बातें करता हूं।

कभी उगता सूरज मन को भाता,
कभी अंधेरे में सुकून पाता हूं,
अपनी बनाई दुनिया में,
मैं अक्सर गुम हो जाता हूं।

राह चलते लोगों को
मुस्कुरा दिया करता हूं,
कभी तन्हा बैठे शख्स को,
गले लगा लिया करता हूं।

मन की सुनू मैं,
मनमीत चुनूं मैं,
मन का ही सब कुछ हो,
मन में सोचा करता हूं।

आखिर क्या कह रही है
मेरे मन की पुकार,
अक्सर उसी सोच में
मैं गुम हो जाता हूं।

खिड़की

खिड़की जो खुली है मेरे मकान की,
उसमे से ठंडी हवा आ रही है।

बिखर गई तस्वीरें सारी,
बिखर गई है अब ये तस्वीरे सारी,
की अब मैं फर्श पर बैठ गया हूं।

देख रहा हूं मुस्कुरा कर एक तस्वीर को,
जोड़ रहा हूं अपने टुकड़े किए दिल को।

लाल दुपट्टा तुम सिर पर ओढ़े बड़ी सुंदर नजर आ रही हो,
मेरा दिल जैसे अपने हाथ में,
अपने साथ लेकर दूर जा रही हो।

डर है कहीं ये खिड़की दोबारा ना खुल जाए,
की कहीं तस्वीर के साथ मेरा दिल फिर से बिखर जाए,

समेटली अब सारी तस्वीरें मैंने,
वो खिड़की अब बंद कर ली मैंने।

अंधेरा

मुस्कुराते तुम अगर उजालों में होतो,
तुम्हारे हर आंसू का गवाह है ये अंधेरा।

गूंजता है शोर अगर दिन में आंखों से तुम्हारी,
सिसकियों को तुम्हारी सुनता है अंधेरा।

मुलाकात हज़ारों से और बातें ना जाने कितनो से,
पर खुद से खुद की पहचान कराता है अंधेरा।

मैं हूं, तुम हो या फिर हो ये ज़माना,
सुकून की सांस की वजह है अंधेरा।

छुपाते है सब असलियत अपने किरदार को,
राज़ पर से पर्दा उठाता है अंधेरा।

रोशन होगी ये जिंदगी मेरी और जिंदगी तुम्हारी,
पर यूंही सदा अंधेरे में रहेगा ये अंधेरा।

कुछ ऐसा रहा मेरा साल....

कुछ ऐसा रहा मेरा साल,
कि मेरी जिन्दगी के मायने बदल गए।

जनवरी तो जैसे मेरे लिए जंग थी,
मेरी ज़िन्दगी थोड़ी बे-ढ़ंग थी।

बेफ़िकर होकर फिर फरवरी आया,
कुछ लाल गुलाब, कुछ ख़त ले आया।

मार्च, अप्रैल और मई, तो पलक झपकते गुज़र गए,
कुछ किस्से मेरे, कलम से पन्नो पर उतर गए।

गर्मी और प्यास से जून बीत गई,
कुछ दिल्लगी बातें मेरा दिल जीत गई।

जुलाई आया तो झूम उठा मैं,
सावन की फुहार से भीग उठा मैं,
नयी कलियाँ खिली नए फूल खिले,
कुछ साल पुराने दिल मिले।

कुछ मुस्कुराता सा अगस्त आया,
नयी तरक्की के पैगाम ले आया,
अनोखा सा महिना कुछ यूँ कर गया,
मेरे दिल-दिमाग में जूनून भर गया।

सरसराता सा फिर आया सितम्बर,
उसमे उड़कर छुआ मैंने अम्बर,

अक्टूबर की क्या बात बताऊं,
कुछ ये मेहेरबान रहा, कुछ
मुझे खुद पर ऐतबार रहा।

नया सा कुछ नवंबर आया,
दिलकश सा एहसास और खुमार सा छाया।

दिसम्बर बोला "दिव्य" तुम सुनो,
दिल तुम्हारा नादान है कुछ नयी बातें बुनो,
ये जो दिन और महीने बीत गए, न जाने
कितनो से मिले कितनो से दूर हो गए।

कुछ ऐसा रहा मेरा साल की,
मेरी ज़िन्दगी के सारे रंग बदल गए

संवाद

मैं सुनना चाहता हूं वो संवाद,
जिसमे मेरे करीबी मेरी बुराइयां करते
सुनाई देंगे,
हजारों खामियां और नुक्स
निकाल कर, अंत में कहेंगे
" हमें क्या, उसकी जिंदगी है।"

मैं सुनना चाहूंगा फिर वो संवाद जिसमें,
मेरे शुभचिंतक गिनाएंगे मेरे किए एहसान,
मेरी अच्छी बातों पर से पर्दा उठाएंगे और
कहेंगे " जिंदगी तो यही है!"

मैं सुनना चाहता हूं,
हर वो संवाद जिसमे मेरा जिक्र हो,
और फिर अदृश्य होकर,
उन बातों पर अमल करना चाहता हूं।

मेरे द्वारा करे गए संवाद को,
लिखा जाए हर उस किताब में,
जो मेरे विपक्षी द्वारा लिखी गई हो।
बस यही मेरा स्वप्न है।

नखरेवाली

मेरी नखरेवाली,
जानता हूं, शायद जवाब नहीं आएगा,
पर आदत से मजबूर हूं।
इसलिए एक कविता लिख रहा हूं।

आजकल खुश रहने लगा हूं,
कभी उदास होता हूं तो,
तस्वीर देख लेता हूं।

कहानी लिख रहा हूं !
हां!! तुम्हारा भी जिक्र किया है,
कैसे नहीं करता।
काफी व्यस्त हो गया हूं आजकल,
कहानियों और कविताओं में उलझ गया हूं।
मन में सवाल उठता है कि
कितना सच है और कितना झूठ?
चारों ओर से खुद को समेटने में लगा हुआ हूं।

अपने बारे में सब कह दिया, अब तुम अपनी बताओ।
कैसी हो?
कोई कविता लिखी तुमने?
अगर लिखी तो भेजना याद से !
मुझे खुद को पढ़ना है।

अपने माथे पर मेरे होंठों को महसूस कर लेना।
गुलाब के दो फूल अपने बालों में लगा लेना।

मुलाक़ात

एक शाम मुलाक़ात करेंगे।
अपने सपने को मिलकर बांट लेंगे।
कुछ अतीत की और कुछ
वर्तमान की बात करेंगे।

तुम कहना मुझसे की मैं पसंद हूं तुम्हे।
मैं कहूंगा की तुम भी खूबसूरत लग रही हो।

मैं तारीफ करूंगा तुम्हारी बिंदी की,
और तुम पहले की तरह ही शर्माना।
तुम देखना मुझे गौर से,
और फिर कसकर गले लगा लेना।

मैं पकडूंगा फिर हाथ तुम्हारा और....
और कर दूंगा इजहार ...
तुम कहना कि तुम भी चाहती हो मुझे,
और फिर हाथ में मेरे हाथ डाल देना।

वादा है मेरा की उंगलियों को पकड़
उतनी ही मजबूत रहेगी,
जितनी कि पेड़ से लटकी हुई
उस सुंदर सी बेल।

वो जो है.....

वो जो है, जो कुछ भी है,
जिसका ज़िक्र अभी मैंने किया नहीं,

वो जो है, जो कुछ भी है,
जिसका नशा अभी शायद उतरा नहीं,

वो जो है, जो हम सब करते हैं,
एक तरफा हो या मंजूरी से करते हैं।

वो जो है, जो खुशनुमा सा है
छाया जिससे खुमार सा है।

वो जो है, शायद एहसास है,
जैसे कोई हमसफर हमारे पास है।

वो जो है, शायद इत्र सा है,
या शायद फिर कोई रेशमी लिबास है।

वो जो है, जो मांगता है,
शायद साथ और विश्वास है।

वो जो भी है, बड़ा ही प्यारा सा है,
वो शायद कुछ और नहीं,
शायद प्यार ही है।

जीत का ध्वज

जब टूट जाएगा हौंसला मेरा,
और आंसू छोड़ देंगे,
मेरी आंखों का साथ,

तब एकत्र करूंगा मैं,
अपने आप को
ये सोचकर की
मंज़िल के लिए ही बना हूं मैं।

फिर उठ खड़ा होऊंगा,
तलाश में उसके,
जिससे मुझे अपनी
मंज़िल से पहले मिलना है।

करूंगा धरती के हर कोने का सफर,
ऊंचे पहाड़ भी चढूंगा,
गहरी नदियों को भी पार करूंगा,
घने जंगल की सैर कर,
प्रकृति प्रेमी बन जाऊंगा।

मुड़ के ना देखूंगा पीछे की ओर,
जहां से आएगा ज़ोर से शोर,
सुनूंगा नहीं किसी की पुकार,
जब तक जीत का ध्वज लेहरा नहीं दूंगा।

सहेज लेना

सहेज लेना उस लड़के को
जो चिट्ठियों में पूछे तुम्हारे माता पिता को,
हर मुमकिन तरीके से मनाए तुम्हे,
बार बार सीने से लगाए तुम्हे।

कभी संवारे बालों को तुम्हारे,
तो कभी चेहरे पर मुस्कान ले आए,
कभी बन जाए वो छोटा बच्चा,
जो कभी कभी ज़िद पर आ जाए।

देखें तुम्हे प्यार भरी नजरों से,
तुम्हारे दुख को अपना दुख बताए,
हाथ पकड़े तुम्हारा अचानक और
दूर कहीं तुम्हे ले जाए।

अंधेरी रात हो या भारी बरसात हो,
साथ तुम्हारा हर पल निभाए,
सहेज लेना उस लड़के को,
जो गर्व से तुमको अपना बताए।

तुम ना मुड़ना

चौराहे पर अगर टकरा गए तो
मुस्कुरा देना,
देख लेना एक बार मुझे,
फिर नजरें झुका लेना।

जो औपचारिकताएं है
वो बनी रहे तो ही बेहतर रहेगा,
होठों को सील लेंगे अपने,
पर बेचैन हमारा मन रहेगा।
मैं पूछूं अगर तुमसे तुम्हारा हाल,

तो जवाब जरूर देना,
क्यूंकि तुम्हारे खयाल ही
मेरे नींद ना आने कि वजह है।

फिर जब कदम बढ़ाएंगे अपनी मंजिल की ओर,
तुम एक छोर, मै एक छोर,
तो मुड़ कर ना देखना,
तुम्हारा ना मुड़ना ही बेहतर है।

तुम्हारे लिए नहीं,
मेरे लिए।

सौदा

तुम जैसे हो, लोग उसे वैसे ही अपनाएं,
ये जरूरी नहीं!
कुछ को तुम्हारी गलतियों से प्यार होता है।
तो किसी को तुम्हारे सच्ची बातों से।

कोई तुम्हे रात के अंधेरे में अपनाएगा,
तो कोई दिन के उजाले में,
तुम्हे अपना बनाएगा।

कोई शर्त रखेगा तुम्हारी दोस्ती की,
कोई बेखौफ होकर तुम्हे अपनी जान बताएगा।

ये दुनिया है,
यहां ऐसा ही होता है,
और ऐसे ही होता आएगा।

मुक्ति

जब तड़पती है आत्मा हमारी कुछ केहने को,
और कोई शख्स नहीं होता हमें सुनने को,

तब सुनता है भगवान हमारी,
एक एक शब्द जो दिल से निकले,
वो जा कर टकरा जाते हैं नीले अम्बर पर
और दस्तक दे देते हैं उसके दर।

होती है फिर तेज गर्जना घने बादलों की,
और टपक पड़ती है बूंदे धरती पर
एक सुख का संदेश लेकर।

वो बूंद जो प्रेम का सागर बन जाती है,
जिंदगी ये कारगर हो जाती है,
और दे देती है हमें उस भगवान के
होने का प्रमाण।

देह से आजाद होती है आत्मा
जो मुक्ति की कामना में लीन थी,
खुले आकाश में एक कतरा रोशनी बन,
फिर सितारा बन जाती है।

वो आने वाले हैं आज

वो आने वाले हैं आज।

देखो, एक पैगाम आया है कि वो आने वाले है।
मैं तैयार हूं अपने मन में सवाल लिए।

ना जाने कैसे दिखते होंगे अब ?
क्या मुस्कुराहट अभी भी वैसी ही हसीन है?
क्या आज भी वो काला तिल,
उनके होठों को शोभा बढ़ाता है?
क्या वो भूरी आंखे अभी भी चमकती हैं?

क्या उनके बालों की लट आज भी उनके होंठो को चूमती है?
क्या आज भी वो झुमके उनकी गर्दन छुआ करते हैं?
क्या आज भी उनकी उनकी नाक गुस्से में,
और ज्यादा प्यारी लगती है?

आखिरी सवाल......
क्या आज भी उन्हें मुझसे मोहब्बत है?

अब जवाब तो आने पर ही मिलेगा !
मैं बैठा हूं इंतेज़ार में !

इंतेज़ार

कल शाम की होने वाली मुलाक़ात को,
जिंदगी भर याद करूंगा,
मुझसे मिलने के लिए राज़ी हो जाने पर,
उनका मैं शुक्रिया करूंगा।

अलमारी से जो तोहफे निकाले है,
कुछ प्रेम पत्र भी लिख डाले हैं,
सर्दी के इस मौसम में,
दो प्याली चाय के लिए भी मना लूंगा।

एक गुलाब भी मंगवा लिया है,
पूरा घर भी सजा लिया है,
पर्दे भी लगा दिए हैं,
गुलदस्ता भी लगा दिया है।

अब चौखट पर बैठकर घर की,
पूरा दिन इंतेज़ार करूंगा,
उनके आ जाने पर खुद को,
आखिर कैसे मै संभालूंगा?

हाल ए दिल

जिस तरह एक छोटी बच्ची निहारती है
मेले में टंगी गुड़ियों को,
8 साल का बच्चा देखा करता है,
दुकान पर रखी गाड़ियों को,

उसी तरह मैं देखता हूं तुम्हे छुपकर,
जब तुम लहराते हुए बालों से,
मुस्कुराते हुए और थोड़ा इठलाते हुए,
घर से बाहर आती हो।

थाम लेता हूं सहम कर अपने
घर की सफेद दीवार,
और छुप कर झांकता हूं तुम्हे।
किसी मासूम बच्चे की तरह।

बस फिर मन ही मन चुप रह जाता हूं,
दूर से ही निहार लेता हूं,
अपने हाल ए दिल को मैं,
बयां नहीं कर पाता हूं।

अब तो बस तुम्हे पाने की तमन्ना है
तुम्हारे साथ जीने की ख्वाहिश है।

मैं और तुम

बारिश भी कमाल है, बिल्कुल तुम्हारी तरह।
कब बरस जाए कुछ नहीं कह सकते!

धरती पर पड़ी बूंदों से,
जो मिट्टी की खुशबू आती है,
याद दिलाती है तुम्हारी !
कुछ ऐसी ही है महक तुम्हारी भी।

घने बादल तो जैसे,
तुम्हारे काले बाल जैसे दिखाई देते है।
और बिजली.......
उस की चमक तो तुम्हारी आंखो के सामने
फीकी ही है।

मैं हूं धरती, जो बारिश से मिलन के लिए,
ना जाने कितने पेड़ो को मनाता है,
और एक बूंद के स्पर्श से,
गदगद हो जाता है।

मुझे बरसात पसंद है।
क्यूंकि वो तुम हो।

मां योद्धा है।

कितनी अनोखी होती है मां।
नदी सा गहरा प्रेम है उसमे,
और चट्टानों से टकराने की ताकत भी!
तब भी कमजोर समझा जाता है,
कर दिया जाता है चुप उसे डांटकर।

लाखों एहसान का कर्ज है हम सब पर उसका,
जो शायद ज़िन्दगी भर नहीं उतार सकते।

कहां से आता है इतना धैर्य ?
कैसे सेह जाती है हर दुख को?
कहां से बटोर कर लाती है ये खुशियां?
कहां छुपाती है अपने आंसू को?

मां वो योद्धा है
जो हर जंग जीतती है,
उसके आंचल तले ही हमारी,
सबसे अच्छी जिंदगी बीतती है।

आखिरकार ये सिद्ध हो ही गया है,
दुनिया भर ने लिया है,
औरत बनना तो कठिन है ही,
पर उससे भी "मां" बनना है।

खुद पर एक कविता लिखिए

अपने गुणों को ध्यान में रखकर, कुछ पंक्तियां खुद के लिए लिखिए।

नारी, स्त्री या औरत पर एक कविता लिखिए।

जो हर घर का सम्मान है, उनके लिए कुछ पंक्तियां लिखिए।

बादलों पर एक कविता लिखिए।

बारिश हो या धूप, लहराते हुए या गरजते हुए बादलों पर कविता लिखिए।

छोटे बच्चे पर एक कविता लिखिए।

मुस्कुराते हुए ता खेलते हुए बच्चे के बारे में कविता लिखिए।

समाज में होने वाली गतिविधियों पर एक कविता लिखिए।

जो भी देख रहे हैं, मेहसूस कर रहे हैं, उसपर एक कविता लिखिए।

www.ingramcontent.com/pod-product-compliance
Lightning Source LLC
LaVergne TN
LVHW050422160726
843469LV00041B/1197

* 9 7 8 9 3 5 4 3 8 6 0 6 0 *